AF253564

RÉPONSE

A DES

CALOMNIES

PAR

M. DELACOUR

LIEUTENANT DE VAISSEAU

Ancien Commandant du navire à vapeur de guerre *LE TONNERRE*

PARIS

IMPRIMERIE MORRIS PÈRE ET FILS

RUE AMELOT, 64

—

1870

RÉPONSE A DES CALOMNIES

PAR

M. DELACOUR

Paris, 21 septembre 1870.

CONCITOYENS,

Lorsque vous m'avez élu malgré moi au grade de chef du 57e bataillon de la Garde nationale, vous m'avez imposé cette charge en me disant qu'en présence de l'ennemi, ce serait lâcheté que de refuser. Vous m'avez donné les deux tiers des suffrages.

Je me croyais, en temps de république, régulièrement investi, mais cette élection contrariait les visées ambitieuses d'un capitaine que vous n'avez même pas honoré du titre de candidat.

Il a ramassé dans la boue des calomnies dont déjà, il y a vingt-deux ans, une enquête avait fait justice, et a essayé de porter atteinte à l'autorité que vous m'aviez conférée.

Hier, en sa présence, une vingtaine de gardes de sa compagnie, ivres, sous prétexte d'un propos que je n'avais pas tenu, se sont rués sur moi avec des injures et des menaces, et je n'ai échappé à un assassinat que grâce à l'aide des adjudants du général commandant du 2e secteur, qui m'ont forcé à me réfugier dans le quartier général.

En présence de cette minorité violente, qui se dit républicaine et ne **respecte** pas les décisions de la majorité, je vous aurais déjà remis le mandat que vous m'avez confié ; mais je voulais, auparavant, couper court, une fois pour toutes, aux ignobles calomnies dont j'ai été l'objet.

Je joins ici le procès-verbal d'enquête que j'ai provoqué, et qui m'a déchargé des infamies dont j'avais été accusé, ainsi que les pièces que je n'avais pu produire, et que j'ai pu me procurer depuis et qui la complètent.

Après lecture, vous verrez que ce n'est pas sans raison que je marche le front haut, et que je suis digne de la confiance que vous aviez mise en moi.

Je puis donc en même temps vous adresser mes remercîments et ma démission de votre chef de bataillon.

Agréez l'expression de mes sentiments fraternels.

DELACOUR.

Toulon, 3 juin 1848.

Monsieur le Ministre,

Le Conseil d'enquête nommé pour donner son avis sur les faits reprochés à M. le lieutenant de vaisseau Delacour a dû, pour se conformer à l'ordonnance du 20 mai 1836, voter sur l'ensemble de ces faits.

Mais afin d'éclairer la religion du Ministre d'une manière plus complète, et aussi pour satisfaire à une demande de M. Delacour, qui nous a paru juste et légitime, j'ai l'honneur de vous adresser le résultat du vote des membres du Conseil sur chacun des faits pris séparément.

Ce vote n'a dû avoir lieu qu'après la dissolution du Conseil.

Veuillez agréer, Amiral, l'assurance de mon plus profond respect.

Le C. A., président,
Signé : Ferdinand TREHOUART.

Le Lieutenant de vaisseau DELACOUR est-il coupable des faits suivants ?

—

Consommations illégales.
Constructions de meubles et d'une cuve.   NON

Immoralité.
Fille de couleur gardée à bord.   NON

Faute contre la discipline.
Propos haineux et violents contre l'amiral
de Laplace.   NON

(A)

Insultes publiques et provocations répétées adressées à M. Delacour par M. Beaudeuf, créole du Cap.

OUI

Espionnage des conversations des officiers.

NON

(B)

Faute contre le service.

Passation de marchés pour vivres et re- changes, sans faire intervenir la Com- mission.

OUI

(C)

Ouverture et soustraction d'une lettre adressée à M. Souzi.

OUI

Sodomie et encouragement à ce crime.

NON

(D)

Inhumanité.

Renvoi d'un Français venant demander asile à bord du Tonnerre.

OUI

(E)

Abus de pouvoir.

M. Delacour a-t-il défendu à ses officiers de s'entretenir soit entre eux, soit avec des personnes étrangères, des affaires dont Palerme était le théâtre?

OUI

Certifié conforme :

Le comte A., *président.*

Signé : F. TREHOUART.

PIÈCES JUSTIFICATIVES

———

(A)

Paris, le 16 août 1848.

Monsieur,

J'avais lu dans les journaux, avec un sentiment de regret qu'ont dû partager toutes les personnes qui avaient pu apprécier votre zèle pour votre service, que vous aviez été mis à la réforme. Votre lettre du 14 me fait connaître que l'une des accusations portées contre vous a été d'avoir manqué à l'honneur dans cette misérable affaire Baudeuf, et vous en appelez à mes souvenirs et à mon témoignage sur votre conduite en cette circonstance.

Vous étiez à faire de l'hydrographie aux Arcadins, quand parut dans la *Feuille de Commerce*, du Port-au-Prince, une lettre de M. Baudeuf, jeune homme du Cap, qui vous provoquait, en raison de l'affront fait, disait-il, à la nation haïtienne, par la correction maritime que, comme commandant du *Tonnerre*, vous aviez infligée à des marins haïtiens qui avaient fait feu sur une de vos embarcations.

Lorsque, de retour de votre mission aux Arcadins, *vous avez su que vous aviez été engagé en votre absence*, vous avez accepté la position qui vous avait été faite et avez choisi quatre témoins *pour vous assister dans votre rencontre avec M. Baudeuf.*

Vos témoins devaient être : *M. Roquemorel*, commandant du brick *le Cassard*; *M. d'Eudeville*, lieutenant en pied de la frégate *la Thétis* ; *M. le capitaine Wyck*, vice-consul anglais, en remplacement de M. Ussher, consul anglais au Port-au-Prince, *et moi-même*. Ainsi préparé, *vous attendiez l'arrivée de votre adversaire au Port-au-Prince, lorsque le commandant de la station française, qui avait d'abord trouvé votre rencontre avec M. Baudeuf convenable et naturelle, y mit obstacle en vous imposant les arrêts à votre bord.*

Voici ce qui avait provoqué ce changement dans la manière de voir de M. Lartigue :

M. Roquemorel, l'un de vos témoins, se trouvant à ma campagne, avec plusieurs officiers de la station française, eut, au sujet de votre affaire, *en ma présence*, et en *la présence de* M. le commandant *Delmas de la Pérouse*, une conversation assez vive avec M. *Lartigue* :

M. Roquemorel disait au commandant de la station : « *M. Delacour m'a de-*
» *mandé d'être l'un de ses témoins dans une rencontre qu'il doit avoir avec M. Bau-*
» *deuf, du Cap ; je suis tout prêt à rendre à M. Delacour ce service de bon cama-*
» *rade dans toute affaire qui lui serait personnelle, mais ici je vois une provocation*
» *à la suite d'un acte de M. Delacour, agissant comme commandant un navire de*

» guerre. C'est dans son service que M. Delacour s'est attiré cette affaire, et je
» crois qu'il ne doit pas répondre à cette provocation.

» *Mon opinion est que le ministre de la marine verrait d'un très-mauvais œil*
» *qu'un commandant de navire pût se croire obligé de rendre compte de sa conduite*
» *à tout venant; aussi*, ajoutait M. Roquemorel, *je ne pourrai, monsieur le Com-*
» *mandant, si cette affaire doit avoir lieu, y assister que comme* EN SERVICE, *et dès*
» *lors avec votre autorisation, voulant me mettre à l'abri des reproches que je vois*
» *inévitables de la part du ministre.* »

Voici le résumé de l'opinion longuement motivée de M. Roquemorel, dont
M. Delmas partageait en tous points la manière de voir.

M. Lartigue prétendant alors que cette affaire vous était personnelle, *je pris*
part à la conversation pour combattre cette opinion et rappeler que vous n'étiez pas
sur la rade du Port-au-Prince quand la lettre de M. Baudeuf avait paru dans les
journaux, et que vous vous étiez, à votre retour, trouvé engagé par les paroles
transmises à M. Baudeuf par M. Morel, négociant français au Port-au-Prince.

C'est à la suite de cette conversation que vous avez été consigné à votre bord tout
le temps que M. Baudeuf est resté au Port-au-Prince.

Je puis me tromper dans les détails, mais j'affirme l'exactitude de l'ensemble
des circonstances que je viens de rapporter, et je ne saurais *trop m'étonner de ce*
que l'on ait pu trouver dans toute cette affaire le moyen de vous accuser d'avoir
manqué à l'honneur.

J'ajouterai que *j'ai su que, plus tard, vous vous êtes trouvé sur la rade des*
Gonaïves en même temps que M. Baudeuf se trouvait dans cette ville, et que ce
jeune homme, qui n'était plus soutenu par les excitations de certains meneurs anti-
français, vous a évité quand vous descendiez à terre.

Depuis, toutes les fois que l'occasion s'en est présentée, M. Baudeuf a exprimé
le regret qu'il éprouvait d'avoir, dans cette malheureuse affaire, cédé à des sugges-
tions étrangères.

Vous me demandez, monsieur, un témoignage que je vous donne avec
plaisir; mais de quel poids peut être un nom aussi inconnu que le mien dans
les hautes sphères auxquelles vous avez à vous adresser pour obtenir la répa-
ration de l'injustice qui vous a frappé? Je pourrai, du moins, ne laisser aucun
doute sur la manière dont j'avais jugé votre conduite dans cette affaire, que je
prévoyais devoir être un grand embarras pour vous, *tant j'avais entendu de*
sentiments jaloux exprimés à votre égard. Dans ma correspondance avec l'amiral
Baudin, je lui avais rendu compte de toute cette triste affaire, *et sa réponse, que*
je vous envoie en communication, prouve que mon opinion *n'est pas nouvelle*, et
que la démarche que je fais aujourd'hui n'est pas un acte de complaisance dont
la sincérité puisse être mise en doute.

Puissiez-vous être admis à reprendre votre rang dans la marine! Que la
patrie retrouve en vous un serviteur comme elle n'en a pas beaucoup, et si
l'occasion s'en présente, vous prouverez, j'en suis sûr, à vos ennemis comme à
vos amis, que personne mieux que vous ne comprend le sentiment de
l'honneur.

Agréez, monsieur, l'assurance des sentiments les plus distingués de votre
dévoué et affectionné serviteur,

DEJARDIN.

(B)

Paris, le 20 août 1848.

Monsieur,

Une absence que j'ai faite de Paris m'a empêché de répondre plus tôt à votre lettre du 14 du courant.

Vous en appelez à mon souvenir pour rectifier des accusations faites contre vous au sujet des achats de denrées que vous fîtes lors de votre relâche à Saint-Thomas, commandant le vapeur de l'État *le Tonnerre*. C'est avec plaisir que je viens satisfaire à votre vœu, *en certifiant de la manière la plus formelle que votre conduite, en cette occasion, est exempte d'aucun blâme, que ces achats ont été faits avec la plus stricte et rigoureuse économie.* Si les explications qui suivent ne vous suffisent pas, je suis prêt à répondre aux questions que vous m'adresserez, et je ne balancerai pas, si cela peut vous être utile, à me transporter au sein de la Commission chargée de l'enquête pour l'éclairer sur tous les points qui peuvent aider à votre justification.

Le court séjour qu'a fait à Saint-Thomas le vapeur le Tonnerre *ne nous a pas permis de passer des marchés par soumissions cachetées; ensuite cela ne se pratique pas ainsi dans la colonie, attendu que les prix varient, comme vous le savez, d'un moment à l'autre, suivant les arrivages. Les denrées que vous y avez prises ont été achetées par votre commission de bord, conjointement avec moi, qui l'ai accompagnée chez les divers fournisseurs et en ai débattu le prix en leur présence.* Cette commission était composée : 1° de votre commissaire d'administration; 2° du commis aux vivres; 3° de votre lieutenant ou d'un officier; 4° du docteur. *Toutes les pièces administratives ont été réglées et signées par eux et par moi-même; je dois en avoir une copie dans les archives du consulat, à Saint-Thomas, que je puis réclamer.*

Depuis votre relâche à Saint-Thomas, plusieurs navires de l'État nous ont visités : entre autres les vapeurs *le Styx, le Brandon,* la corvette *l'Embuscade,* qui ont acheté des denrées. *Les commandants ont suivi la même marche que vous, aucun d'eux n'a fait de marché par soumissions cachetées; du reste,* soit pour vos fournitures, soit pour celles des autres navires, *le ministre de la Marine a fait acquitter les traites fournies en payement,* sans que je sache avoir donné lieu à aucune observation.

Recevez, monsieur, avec l'expression de mon souvenir, l'assurance de ma parfaite considération.

L'Agent consulaire de France à Saint-Thomas,

GEORGES NUNÈS.

45, rue Richer.

(C)

Toulon, 2 septembre 1848.

MON CHER MONSIEUR DELACOUR,

Votre lettre, en mon absence, n'avait pas été reçue à la maison, et elle était restée à la poste ; ce n'est que sur mes instances qu'elle m'a été remise.

Je vous ai dit dans le temps tout ce que je pensais de votre malheureuse affaire, et j'ai vu avec peine que le ministre n'ait pas résisté alors à *cette fièvre de dénonciations qui agite par trop souvent les jeunes officiers contre leurs chefs.* Cette fièvre n'a-t-elle pas manqué d'être dévorante dans toute la France, où le respect des lois les plus sages et des choses les plus sacrées a été si violemment ébranlé ?

Vous avez été victime de cette secousse sociale qui a remué toutes les ambitions, tous les esprits malades et mécontents.

Quant au fait grave qui vous a été reproché, celui d'une lettre décachetée et lue, j'ai dû vous donner franchement mon avis, qui n'était pas conforme au vôtre ; mais en même temps *il m'a paru démontré que vous aviez agi sous un point de vue acceptable, en raison de votre position respective envers M. Sousy. Cet officier m'avait paru accepter les explications naturelles que vous lui avez données devant moi, en lui restituant sa lettre.*

Ce que j'ai eu à déposer sur vous, mon cher monsieur Delacour, a été fait avec toute la sincérité de mon âme ; je n'ai pas dissimulé en quoi vous aviez pu ne pas rencontrer de la sympathie, mais j'ai affirmé bien haut, et je me plais à le répéter, que, dans tout ce que je sais de cette affaire entre vous et M. Sousy, alors votre subordonné, vous n'avez pris pour règle que les intérêts du service et ceux de la discipline.

Recevez de nouveau l'expression de mes sentiments de considération distinguée.

Le Contre-Amiral,
DEALASSAUX.

(D)

A Ems, 7 août.

MONSIEUR,

La lettre que vous m'avez fait l'honneur de m'écrire m'arrive aux Bains d'Ems, où je suis venu soigner ma santé, fortement ébranlée par les travaux et les fatigues que *vous avez partagés en défendant les intérêts de notre pays.* Elle me cause un vif chagrin, car le fils de l'amiral Baudin qui m'a dit être votre plus intime ami, espérait une autre issue des péripéties qui ont fini par briser votre carrière. J'ignore le détail de cette triste affaire, mais je puis vous répéter ce que je me suis fait un plaisir de vous dire de vive voix à votre retour de Palerme, et ce qu'il a été de mon devoir de faire connaître à M. de Bussierre, quand je lui ai remis les affaires : *Personne ne m'a mieux informé que vous de ce qui se passait en Sicile; personne n'a vu plus juste; votre correspondance, qui est restée dans les dossiers de l'ambassade, est une des plus distinguées, et j'ai la conviction que vous avez fidèlement et loyalement rempli tous les devoirs que vous imposait une mission délicate, en défendant de tout votre pouvoir les intérêts français qui vous étaient confiés.*

MONTESSUY.

(E)

Broglie, 6 août.

Monsieur,

Je ne reçois qu'aujourd'hui la lettre que vous m'avez fait l'honneur de m'écrire le 3 de ce mois, et par laquelle, en m'informant des motifs qui ont déterminé le gouvernement à se priver de vos services, vous faites appel à mes souvenirs sur les faits qui se sont passés à Rome, en ma présence.

Je regarderai comme un devoir d'attester devant qui de droit, qu'en interdisant aux officiers du Tonnerre toute intervention dans un sens quelconque, toute manifestation improbative ou approbative sur les événements politiques de Palerme, vous n'avez fait qu'exécuter littéralement les instructions qui vous furent données devant moi par M. Rossi, alors ambassadeur de France, et sous les ordres duquel vous étiez placé par les termes mêmes de votre commission. Mes souvenirs, à cet égard, sont d'autant plus nets que j'insistai moi-même alors, avec quelque détail, sur cette partie de vos instructions, et que je vous renouvelai dans la cour du palais Colonne, et au moment où vous montiez en voiture pour rejoindre votre escadre. La prière de vous y conformer exactement, votre présence dans la rade de Palerme, qui n'aurait pu avoir lieu sans l'autorisation de l'ambassade, ne devaient avoir pour but que la protection des intérêts français, que la situation de la Sicile pouvait compromettre. *Il vous fut particulièrement recommandé de vous tenir et de tenir les officiers sous vos ordres, en dehors de toute affaire politique.*

Je suis persuadé, monsieur, que M. Rossi, actuellement en Italie, ne ferait nulle difficulté de joindre son témoignage au mien, et je suis prêt à lui écrire, si vous le désirez, et si vous pensez avoir le temps d'attendre sa réponse. Il sera heureux, comme moi, de pouvoir contribuer à conserver à la France un si distingué et si honorable serviteur, et de vous témoigner une fois de plus, dans cette occasion, le souvenir de nos bonnes relations, et les sentiments de considération et d'attachement que vous nous avez inspirés.

ALBERT DE BROGLIE.

(E)   MONSIEUR LE MINISTRE,

M. le lieutenant Delacour, qui commandait le bâtiment à vapeur *le Tonnerre*, en station à Civita-Vecchia, pendant l'hiver de 1848, a été mis en non-activité, l'été suivant, par suite d'une décision d'un conseil d'enquête réuni à Toulon. Il sollicite aujourd'hui de votre équité, la révision de la sentence prononcée contre lui.

Premier secrétaire de l'ambassade de France à Rome, et souvent chargé des affaires pendant les absences momentanées de l'ambassadeur, j'ai eu, en cette qualité, de nombreux rapports avec M. Delacour, qu'un ordre du gouvernement avait mis à la disposition de notre légation.

J'assistai, en particulier, aux instructions qui lui furent données, lorsque M. le comte Rossi, alors ambassadeur, jugea à propos de diriger *le Tonnerre* sur Palerme, où une violente insurrection avait rendu nécessaire, pour la protection de nos nationaux, la présence d'un bâtiment français.

J'apprends qu'au nombre des griefs admis par le conseil d'enquête contre M. Delacour, figure la défense faite par lui à son équipage et à tout son état-major de ne se mêler en aucune manière des affaires politiques du royaume des Deux-Siciles, fait que le conseil aurait qualifié *d'abus de pouvoir*.

Si le conseil d'enquête avait jugé convenable de s'enquérir des instructions dont M. Delacour avait été chargé par l'ambassade (à la disposition de laquelle il était officiellement placé), soit M. Rossi, encore vivant alors, soit moi-même, nous nous serions assurément fait un devoir d'attester que le prétendu *abus de pouvoir* n'était que l'exécution stricte et littérale des ordres dont M. Delacour était porteur.

Ce que j'eusse porté alors sans difficulté à la connaissance du conseil d'enquête, je ne puis refuser aujourd'hui, monsieur le ministre, de le soumettre à votre haute appréciation, au moment où M. Delacour sollicite un nouvel examen d'une sentence qui a brisé sa carrière. Je ne puis lui refuser non plus d'attester que pendant sa station à Civita-Vecchia, l'ambassade n'a eu qu'à se louer de ses rapports avec lui, et qu'il jouissait de la confiance particulière du chef illustre qui la dirigeait.

Vous excuserez, monsieur le Ministre, la liberté que je prends, et vous voudrez bien, j'espère, recevoir l'expression de ma respectueuse considération.

Signé : ALBERT DE BROGLIE.
Premier secrétaire de l'Ambassade de Vienne à Rome, en 1848.

(F)

Toulon, 8 Juillet 1857.

MONSIEUR,

Ma santé, altérée depuis quelques années, m'a empêché de répondre immédiatement à la lettre que vous avez pris la peine de m'écrire le 1er et qui m'est parvenue le 4 de ce mois. Je profite du premier instant de relâche que me laissent mes souffrances continuelles pour réparer ce retard, ou, si vous aimez mieux, ce tort involontaire.

Vous réclamez mon témoignage pour établir la vérité de certains faits qui vous semblent de nature à amener la révision de l'arrêté qui vous a mis en réforme il y a neuf ans. Je ne me fais pas illusion sur l'effet que peut produire auprès du Conseil d'État la signature d'un officier aussi peu connu, et surtout aussi complétement oublié que je le suis. Mais l'appel que vous faites à mes souvenirs, et les termes dans lesquels il est conçu, me touchent et m'honorent trop, pour que j'hésite un seul moment à y satisfaire. Seulement, comme ma vue et ma main me servent mal, je vous demande la permission de suivre l'exemple que vous me donnez, et d'être, comme vous, aussi bref que possible. Le meilleur moyen d'y parvenir, et d'entrer en même temps dans vos intentions, me parait être de transcrire les trois principaux paragraphes de votre lettre, en les accompagnant des réflexions ou détails que me fournira ma mémoire.

Et d'abord.

« La plainte portée par les officiers de marine du port de Toulon contre moi n'a-t-elle pas été précédée d'une démarche de ces officiers auprès du major-général amiral Leray, pour réclamer contre ma nomination au commandement du brick *l'Olivier*, et n'est-ce pas parce que l'amiral a repoussé cette réclamation qu'ils se sont décidés à m'attaquer par des calomnies?

L'amiral Leray n'a jamais été major-général de la marine à Toulon. Vous avez probablement voulu désigner M. l'amiral Lemarié, qui en a rempli les fonctions à peu près à l'époque dont vous parlez, mais qui venait d'être remplacé par *l'amiral Bérard, le 19 mars 1848*, c'est-à-dire quelques semaines avant l'ouverture de l'enquête *que vous aviez provoquée.*

Quelques observations particulières ont pu être soumises par des officiers isolés au major-général sur votre nomination au commandement de *l'Olivier*. Quant à une démarche collective auprès de cet officier-général. je ne pense pas qu'elle ait jamais eu lieu. *J'ai seulement entendu dire qu'elle avait été faite auprès de M. le préfet de marine.* Mais je ne saurais l'affirmer. Le fait, au reste, n'aurait rien de surprenant, parce que *la faveur qui venait de vous être accordée avait produit un mécontentement marqué chez un grand nombre de vos camarades.*

Je passe à la seconde question que vous m'adressez.

« Lorsque, sur ma propre demande, le ministre eut ordonné la convocation d'un conseil d'enquête, craignant la partialité de la plupart des officiers présents au port, j'adressai au major-général une lettre dans laquelle je lui signalais mes appréhensions à ce sujet, et lui demandais de ne désigner pour membres du conseil que des officiers n'ayant pas participé à l'intrigue dont j'étais l'objet. C'est à vous, commandant, que je remis cette lettre, et vous m'engageâtes alors à ne pas insister sur ce point, parce que, avez-vous ajouté, dans le cas d'acquittement, on ne manquerait pas de dire que j'avais fait composer le conseil à mon choix. Vous m'avez alors présenté la liste des officiers désignés par la majorité générale, d'après leur tour de service, pour faire partie du conseil. *Ils étaient les suivants : MM. Ferrand, capitaine de vaisseau; Levasseur, capitaine de corvette; Lepéru, lieutenant de vaisseau; Massias lieutenant de vaisseau. Puis, lorsque, le le conseil ayant été assemblé je m'aperçus que M. Legoff remplaçait M. Massias,* vous en ayant fait la remarque, vous m'avez dit que c'était le préfet maritime qui avait opéré *la mutation, afin que la réunion* du Café de la Marine *fut représenté dans le sein du conseil ?*

Ici, *monsieur, je n'ai pas la plus légère rectification à faire.* L'exposé que vous présentez me paraît d'un bout à l'autre *de la plus scrupuleuse exactitude.* Je me bornerai à une simple réserve, qui sans doute, ne vous aura pas échappé : Ce *n'est pas à moi que M. le préfet maritime a fait part du motif qui l'a porté à remplacer M. Massias par M. Legoff, mais M. le major-général, qui a bien voulu me le communiquer.*

J'arrive au troisième et dernier paragraphe :

Enfin, commandant, vous rappelez-vous qu'en sortant du conseil d'enquête, après la clôture, *M. le capitaine de vaisseau Ferrand, un des juges, exprima tout haut, en plein bureau major, son indignation de l'iniquité dont j'étais victime, et des manœuvres dont il avait été le témoin.*

Je n'assistais pas à la scène à laquelle vous faites allusion ; elle ne s'est point passée dans mon bureau, *mais elle était de notoriété publique à Toulon, et j'en ai eu connaissance par M. le capitaine de corvette Guillot, qui remplissait alors les fonctions d'aide-major, et qui m'a répété plusieurs fois que cette solennelle et énergique protestation de M. le capitaine de vaisseau Ferrand s'était renouvelée à diverses reprises, non seulement après la clôture, mais même pendant la durée du conseil d'enquête.*

Tels sont, monsieur, les seuls renseignements que je puisse vous offrir. Je souhaite qu'ils vous suffisent ; je fais également des vœux pour que vos efforts obtiennent *le succès auquel vous êtes en droit de prétendre* ; car je ne le cache pas, je ne l'ai jamais caché, *j'ai vivement regretté la mesure qui vous a frappé.* Elle m'a toujours paru, elle me paraît encore, *un exemple ajouté à mille autres de la funeste influence que peut exercer l'esprit de corps lorsqu'il se laisse égarer par une médiocrité jalouse.*

Loin de voir, ainsi que vous paraissez le craindre, la moindre indiscrétion dans le désir que vous m'avez témoigné, je vous prie d'être, au contraire, bien persuadé que je le regarde comme une marque de confiance à laquelle j'ai été très-sensible. Je ne suis pas moins reconnaissant des expressions flatteuses que vous avez eu la bonté d'y joindre, et que je voudrais mériter.

Veuillez en agréer mes sincères remercîments, ainsi que l'assurance de ma considération très-distinguée.

G. DE MISSIESSY,
Capitaine de vaisseau.

(G)

Paris, 25 septembre 1851.

MONSIEUR LE MINISTRE,

Le lieutenant de vaisseau C. Delacour a eu l'honneur de vous adresser, il y a deux jours, une demande tendant à être relevé des effets de la décision qui l'a mis à la réforme, le 17 juin 1848.

Permettez-moi de vous prier de vouloir bien vous faire mettre sous les yeux la lettre que j'adressais de Naples, le 25 du même mois, à celui de vos prédécesseurs qui tenait alors le portefeuille de la marine, et qui malheureusement est arrivée trop tard pour empêcher cette décision.

Je persiste dans les termes de la lettre et j'ajoute :

Que le conseil d'enquête, qui, par suite d'une sorte d'insurrection d'officiers, excitée à Toulon contre le lieutenant Delacour, dans l'effervescence de la catastrophe de février, a émis son avis sur sa conduite comme commandant du *Tonnerre*, n'était nullement compétent. Aux termes des ordonnances, c'était à un conseil de marine qu'il appartenait d'examiner les actes de cet officier.

Je m'abstiens de relever les irrégularités commises, tant dans la composition du conseil d'enquête que dans sa manière de procéder, et je me borne à faire remarquer qu'on a agi avec une précipitation extrême ; d'abord *en refusant au lieutenant Delacour la permission de se rendre à Paris pour y prendre les documents relatifs à sa mission, qu'il y avait déposés ;* ensuite en pressant la décision de la commission exécutive, *sans même laisser à cet officier le temps de présenter un mémoire justificatif.*

Toutes ces irrégularités, pour ne pas dire ces énormités, tant judiciaires qu'administratives, sont la conséquence du trouble général des esprits et du désordre des intelligences à cette déplorable époque :

Le lieutenant Delacour n'a cessé de protester contre la décision qui l'a frappé ; mais il a dû attendre pour se pourvoir que le vice-amiral Tréhouart, qui avait présidé le conseil d'enquête, en 1848, fût de retour à Paris. Je l'ai mis en rapport avec cet officier général, dans l'esprit duquel il désirait surtout faire entrer la lumière.

Signé C. BAUDIN.

(H)

Paris, 26 septembre 1851.

Monsieur le Ministre,

Lorsqu'en vous écrivant hier, au sujet du lieutenant Delacour, je me référais à une dépêche, du 25 juin 1848, adressée par moi de Naples à l'un de vos prédécesseurs, sous le timbre personnel, officiers de marine, je n'avais pas sous les yeux la minute de cette dépêche, et je n'étais guidé que par mes souvenirs.

En la relisant aujourd'hui, je vois que je professais le respect de la chose jugée. C'est qu'alors, absent de Toulon depuis près de trois mois, et ne sachant pas comment cette procédure avait été conduite, je supposais que tout y avait été régulier. C'était une supposition toute gratuite, ainsi que vous le verrez, si vous voulez bien y donner l'attention qu'elle me paraît mériter et que j'ai l'honneur de solliciter de nouveau.

Agréez, etc.

Signé C. BAUDIN.

(I)

Paris, le 26 mars 1841.

Le roi, monsieur, par ordonnance du 24 de ce mois, a bien voulu vous nommer au grade de chevalier de l'Ordre royal de la Légion d'honneur.

Cette distinction est la récompense des services que vous avez rendus dans l'expédition de Buénos-Ayres, et qui m'ont été signalés par M. le vice-amiral baron de Mackau, commandant en chef les forces navales réunies dans la Plata.

J'ai mis de l'intérêt à vous faire obtenir cette grâce de Sa Majesté.

J'ai l'honneur de vous saluer.

Amiral DUPERRÉ.

Je n'ai que quelques mots à ajouter.

Je n'ai cessé de protester.

J'ai demandé au général Cavaignac la révision de l'arrêté qui m'a mis en réforme. Après avoir gardé les pièces plus de trois mois, délai fixé pour le recours au Conseil d'État, son secrétaire m'a dérisoirement envoyé à me pourvoir devant ce conseil.

Toutefois, à l'occasion de la fixation de ma solde de réforme, j'ai introduit au Conseil d'État une instance au contentieux qui devait amener une révision.

Le Conseil a de nouveau repoussé ma requête en admettant comme exact un véritable *faux*.

C'était une note au *crayon* d'une autre main que celle du commis qui aurait dû l'avoir écrite, et qui était mort, prétendant m'avoir *remis à Toulon* notification de l'arrêté qui me concernait à une époque où ma *présence à Paris était constatée*.

Ce qui précède complète les énormités de toute cette affaire, mais ne donne pas le mot de l'énigme qu'elle cache.

Ce mot, le voici :

J'ai été la victime de la haine de l'amiral Parceval Deschêne contre l'amiral Charles Baudin, qui avait pour moi une affection toute paternelle dont je suis fier. En me brisant, l'amiral Parseval, qui ne pouvait atteindre l'amiral Baudin, se vengeait de ce qu'au moment où il fuyait en France, l'amiral Baudin, le rencontrant à la Havane, l'obligeait malgré lui à revenir combattre à San Juan d'Ulloa, où, pour le réhabiliter, il lui donnait la tête de la ligne, ce dont le capitaine Parceval eut la stupidité de se plaindre.

C'est ce même amiral Parceval qui, commandant l'escadre anglo-française de la Baltique, au moment d'entrer dans les passes de Cronstadt, rebroussa chemin, à la grande colère de l'amiral Charles Napier, parce qu'il crut apercevoir des bouées qu'il supposa indiquer l'existence de torpilles sous-marines.

Action à laquelle l'amiral Napier fit allusion dans un discours prononcé dans un banquet en Angleterre, au retour de l'expédition.   C. DELACOUR.

2783 Paris. — Typ. Morris père et fils, rue Amelot, 64.